La méditation intellectuelle

Benoît R. Sorel

La méditation intellectuelle

— BoD —

© 2019, Sorel, Benoît R.
Edition : Books on Demand,
12/14 rond-Point des Champs-Elysées, 75008 Paris
Impression : BoD - Books on Demand, Norderstedt, Allemagne
ISBN : 9782322186761
Dépôt légal : octobre 2019

DU MÊME AUTEUR

Savoir-faire
: L'élevage professionnel d'insectes
La gestion des insectes en agriculture naturelle
L'agroécologie : cours théorique
L'agroécologie : cours technique
Les cinq pratiques du jardinage agroécologique

Essais
: NAGESI. *Recueil de textes*
Réflexions politiques
À la recherche de la morale française
L'agroécologie c'est super cool !
L'éphéxis au jardin
Sens de la vie et pseudo-sciences
Le bonheur au jardin
Pensées cristallisées. *Recueil de textes*
Le creuset. *Recueil de textes*

Fictions
: L'esprit de la nuit
Les secrets de Montfort
Fulgurance
Saint-Lô Futur
La jeune fille sur le chemin bleu
Le don

Internet **jardindesfrenes.com**

TABLE DES MATIÈRES

INTRODUCTION

Deux types de méditation   1
La méditation orientale   2
La méditation intellectuelle   4
Les points communs aux deux méditations   7

L'ÉDUCATION POPULAIRE AUX MOUVEMENTS
NATURELS DE L'INTELLECT

Les erreurs de l'homme de la rue   11
« L'élite » des intellos : une croyance à déconstruire   16
Désacraliser l'intelligence   18

MÉDITATION INTELLECTUELLE SUR LE THÈME
DU VIDE

Le vide de matière et la peur   20
Le vide et la solitude   25
Le vide émotionnel   28
Le vide de réalisation   32
Le vide de sens   38
Le vide de la mort   43
Le vide de consommation   44

CONCLUSION : APRÈS LA MÉDITATION

Avez-vous perçu les mouvements de l'intellect ?   47
Méditation intellectuelle et café philosophique   52
Quelle utilité ?   54

Larousse 2012

Méditation n.f. (lat meditatio). 1. Action de réfléchir longuement à un sujet, à la réalisation de qqch : *noter le fruit de ses méditations*. 2. Attitude qui consiste à s'absorber dans une réflexion profonde : *La solitude est propice à la méditation*. 3. Concentration du corps et de l'esprit sur un thème ou un symbole religieux.

Descartes (René), 1596 – 1650, philosophe, mathématicien et physicien français. […] Discours de la méthode (1637) […] Cette démarche [a été] développée dans ses Méditations métaphysiques (1641) […]

INTRODUCTION

DEUX TYPES DE MÉDITATION

De nos jours, on comprend généralement la méditation comme étant une pratique religieuse originaire d'Orient. Typiquement, les occidentaux que nous sommes associations au mot de méditation les personnages tels que les moines bouddhistes ou les mystiques hindous. Mais dans le présent livre, il ne sera pas question de ce type de méditation : il sera question de méditation intellectuelle. Nous en expliquerons les tenants et les aboutissants et nous illustrerons le comment en faisant une méditation intellectuelle sur le thème du vide.

La méditation orientale et la méditation intellectuelle sont fort différentes, mais elles ont des points communs. D'un point de vue pédagogique, je trouve donc intéressant de vous les présenter l'une par rapport à l'autre, plutôt que chacune isolément.

Cela sera le contenu du chapitre introductif. Ensuite, je vous proposerai un chapitre dédié à l'état des lieux de l'éducation populaire aux mouvements naturels de l'intellect. Puis j'effectuerai une méditation intellectuelle sur le thème du vide, afin de vous montrer directement ces mouvements naturels de l'intellect. Pour finir, je vous inviterai à questionner la prétention que les « intellecuels » et moi-même avons à dévoiler et transmettre ces mouvements de l'intellect, et je vous inviterai à clarifier les avantages procurés par le fait de savoir accomplir des méditations intellectuelles.

Je vous souhaite une lecture enrichissante et décontractée.

LA MÉDITATION ORIENTALE

La méditation orientale est un « regard intérieur », une introspection, qui se déroule sans utiliser de mot, de phrase, de réflexion. La méditation orientale la plus basique consiste à prendre conscience de nos émotions et de nos pensées, mais sans les analyser, sans les décortiquer, sans les développer. Pour cela, on s'assied dans un lieu calme à l'éclairage doux, on ferme les yeux, on se tient le dos droit et on laisse aller et venir les pensées et les émotions dans notre conscience *sans s'y attacher*. On les laisse « passer comme des nuages dans le ciel ».

Restant dans cette posture entre quinze et soixante minutes, on n'a alors qu'un seul objectif : n'avoir aucun objectif ! Il s'agit de ne rien désirer ni de ne rien vouloir ; il s'agit simplement d'être, de respirer, d'avoir conscience de sa respiration.

Le souffle monte et descend en nous comme le va et vient des vagues. Et au-dessus de notre corps ainsi calmé, ainsi apaisé, on laisse de même les pensées et les émotions aller et venir – comme les nuages dans le ciel. On prend *conscience* de ce va-et-vient des pensées et des émotions, et on ne s'attache à aucune d'elles. Concrètement, on s'assied comme indiqué, on respire, on fait attention à sa respiration, on sent les poumons se gonfler puis se vider. Tout d'un coup, une pensée est là, dans notre conscience : « Tiens, les ballons qu'on avait gonflés pour la fête de mon vieil ami. Ce jour-là, c'est lui qui avait besoin de méditer. Il y avait un ballon mal gonflé, je lui trouvais une peau presque ridée... » À ce moment-là, il faut prendre conscience qu'on est en train de penser ! C'est-à-dire que notre cerveau s'est mis en marche automatiquement, sur une pensée que nous n'avons pas volontairement choisie. La pensée a émergé d'un coup, sans notre vouloir. Notre cerveau s'en saisit spontanément et la développe spontanément.

Après de nombreuses séances de méditation et de prise de conscience de nos pensées, on apprend, on « habitue » notre cerveau à ne plus démarrer derechef, au quart de tour, dans les développements. On s'habitue à prendre conscience de la pensée qui *émerge*, par les premiers mots et ... on laisse repartir ces premiers mots. On ne s'y attache plus, on ne se crispe pas, on se détend. Et tout d'un coup, les mots ne sont plus là. La pensée est partie ! Notre conscience peut alors retourner sur notre respiration. Bien sûr, après quelques instants, une nouvelle pensée va émerger dans notre conscience. Pareillement, on ne va pas la laisser se développer. On se détend, on se relaxe, on la laisse partir, on revient à la respiration.

LA MÉDITATION INTELLECTUELLE

Qu'est-ce que la méditation intellectuelle ? Spontanénement, ici en France cela nous évoque les *méditations* de René Descartes. Ce genre de méditation semble diamétralement opposé à la méditation orientale : dans ses méditations, Descartes décrit, analyse, réfléchit, explique ce qu'il pense. Il est dans le domaine du pur intellect. Il développe longuement toutes ses pensées ; il prend soin de n'en laisser « passer » aucune. Il teste leurs combinaisons entre elles, il cherche leurs causes et leurs conséquences, il enchaîne argument sur argument. Bref, *ce type de méditation est un ensemble de longs développement intellectuels*, quand la méditation orientale se situe justement en-dehors de l'intellect.

Descartes était un philosophe qui cherchait à atteindre la Vérité, au sens de réalité : la définition exacte de la réalité. Il cherchait à comprendre la réalité au plus juste. Il a donc élaboré des théories sur la nature de la réalité (des théories phyisques), sur Dieu, sur l'âme, sur le lien entre le corps et l'âme. Le titre de ses méditations est *Les méditations métaphysiques touchant la première philosophie, dans lesquelles l'existence de Dieu, et la distinction réelle entre l'âme et le corps de l'homme, sont démontrées.*

Il existe un autre genre de méditation intellectuelle, plus brève, qui est utilisée plus souvent et plus légèrement que Descartes. Tout un chacun peut la pratiquer. Elle se définit ainsi : *Il s'agit de réfléchir à une pensée en essayant de comprendre comment elle peut s'inscrire dans notre vie.* Par exemple, les comtes, les légendes et les fables se terminent souvent par une morale que l'on va méditer. La fable de La Fontaine du lièvre et de la tortue nous invite à méditer sur le besoin d'être rapide ou sur la vantardise. L'issue d'une telle méditation est ouverte : on peut ne trouver aucun écho dans notre vie à la pensée à méditer. Ou on peut en trouver un : on va alors intégrer cette pensée dans notre vie. Et plus tard, des mois plus tard voire des décennies plus tard, on va comprendre cette pensée d'une nouvelle façon, et on va l'intégrer une seconde fois dans notre vie.

Dans cette forme plus populaire de méditation intellectuelle, l'intellect, la réflexion, n'est pas une fin en soi. La fin en soi est d'améliorer sa propre vie. Dans la forme pratiquée par Descartes et par les philosophes, la qualité de la réflexion est au contraire essentielle. Il s'agit de convaincre ses pairs. La réflexion doit être aussi précise et exhaustive que possible.

Le lecteur qui aura lu – ou au moins essayé de lire – *Les méditations métaphysiques* de Descartes en aura certainement retenu ceci :

- qu'elles sont un développement foisonnant d'idées, de fil en aiguille ;

- que ce développement est très long. Les démonstrations se font en cascade, sans aucune pause ;

- que ce développement s'effectue sans recourir au réel. Descartes semble ne raisonner qu'avec des idées abstraites, qu'avec des concepts. La logique ne fait que rebondir d'un mot à l'autre. Les exemples concrets manquent cruellement pour valider la logique ;

- que ce développement est aujourd'hui démodé. La démonstration philosophique de l'existence de Dieu n'est plus recevable au même titre que la démonstration du mouvement perpétuel ;

- que ce développement est difficile à lire, car les phrases sont très longues (« Ce que j'ai suffisament expérimenté ces jours passés, lorsque j'ai posé pour faux, tout ce que j'avais tenu auparavant pour très véritable, pour cela seul que j'ai remarqué que l'on en pouvait douter en quelque sorte » – XII, méditation quatrième).

D'où le sentiment général, aujourd'hui, que les méditations de Descartes ne servent à rien. Et d'où mon choix de ne pas assimiler la méditation intellectuelle à la méditation cartésienne.

Je vais donc définir la méditation intellectuelle ainsi : c'est *une suite de réflexions, qui s'enchaînent, afin de faire le tour d'une question, d'un problème, d'un thème, sans désirer parvenir à une conclusion définitive.* L'issue d'une méditation intellectuelle est *ouverte*.

Les points communs aux deux méditations

Pas de quête de la vérité

De prime abord, méditation orientale et méditation intellectuelle sont tout à fait opposées. Elles ont pourtant des points communs, fondamentaux, que je veux faire ressortir. Le premier est qu'*aucune de ces méditations ne prétend atteindre la Vérité*. Quand on démarre une méditation intellectuelle, on est sûr de pouvoir commencer à méditer, mais on ne sait jamais où cela vont aller nos pensées. On ne cherche pas à atteindre une Vérité Ultime. On se donne une grande liberté de pensée. Quand on médite, on se sent libre – on *doit* se sentir libre. La méditation intellectuelle ne peut pas se faire sous la contrainte.

La méditation intellectuelle est un acte intérieur, qui n'est plus intérieur dès qu'une force extérieure prétend le déterminer. Ainsi des morales à la fin des comtes et des histoires : certaines ne sont que des stratagèmes pour nous inculquer des façons de penser. D'autres sont authentiques en ce sens que leur méditation va confronter l'individu avec lui-même. Et non pas avec tel ou tel code de la société. Attention donc aux fausses injonctions à la méditation intellectuelle, qui sont en fait des tentatives de manipulation mentale plus ou moins bienveillante. Lorsque j'étais adolescent, de tous les livre obligatoires que j'ai lu au collège et au lycée, je n'ai jamais retenu aucune morale. Je n'ai jamais médité tel ou tel « message » censé être contenu dans les oeuvres de ces grands auteurs qui incarnent « l'esprit français », parce que je me méfiais. En classe de sixième, je me rappelle avoir dit à ma professeure de français que je n'aimais pas ce livre qu'elle nous demandait de lire, parce que tout les élèves devaient justement le lire. Parce qu'il était obligatoire. La professeure avait été surprise par mon explication. Méditer, c'est s'ouvrir intérieurement, c'est ouvrir grand la porte de notre monde intérieur. Adolescent, je sentais que je devais faire attention à ne pas laisser rentrer n'importe quoi !

La liberté

Méditation orientale et méditation intellectuelle sont des actes de liberté. D'une part on ne peut pas nous y forcer, d'autre part il s'agit d'explorer. D'explorer dans un cas notre conscience, dans l'autre notre intellect. Se priver de liberté dans ces explorations signifierait se poser des limites à ne pas franchir. Or si nous partons en exploration, c'est que nous ne connaissons pas ce qu'il y a devant nous. On peut se donner des points de repères, qui se trouvent nécessairement dans le domaine (de la conscience ou de l'intellect) que nous connaissons déjà. Mais nous ne pouvons pas poser de limites dans la partie que nous ne connaissons pas !

Il peut vous sembler futile que j'insiste sur la liberté indispensable à la méditation. Mais pour beaucoup d'entre nous, j'en suis convaincu, cette liberté fait peur. Mieux vaut demeurer dans le monde connu, ainsi pouvons-nous justifier qui nous sommes, ce que nous faisons, ce que nous pensons. L'exploration, donc la liberté, appellent la remise en cause, car ils nous faut nous redéfinir par rapport aux nouveautés découvertes. Ce n'est pas évident.

Laisser les pensées aller et venir : la souplesse

Dans la méditation orientale on laisse aller et venir les pensées sans se fixer aucun objectif. Dans la méditation intellectuelle, on laisse aussi aller et venir les pensées. Mais entre leur arrivée et leur départ, on les développe ! On va se permettre de se laisser imprégner d'elles et on va laisser « sortir » spontanément les pensées annexes qu'elles nous suggèrent. Ces méditations sont le simple « mouvement » du cerveau : « Tiens, voilà une pensée. D'où vient-elle, comment se déploie-t-elle, que va-t-elle devenir ? » On accorde à notre cerveau la liberté de penser sans aucun impératif.

On peut dire que la méditation intellectuelle est un simple exercice de logique, car analyse et explication des pensées qui nous viennent spontanément à l'esprit, impliquent de mettre en lumière les enchaînements logiques, les charnières logiques entre ces pensées. Mais notez ceci : que la logique que nous exprimons alors, est une logique qui n'est pas réfléchie, qui n'est pas dirigée. Il faut laisser les associations d'idées, les analogies, les concordances, les divergences, les développements, les conclusions se faire spontanément. On peut dire que cette méditation est une forme de gymnastique de notre intellect, dont on apprend à connaître les *mouvements naturels*. « Ah ! Une pensée ! Je l'analyse, je la synthétise, je cherche son contraire, sa parallèle, sa complémentaire, etc. » Tout comme dans la pratique d'un sport apprend-on à découvrir, à se familiariser et à raffiner les mouvements naturels de notre corps. On apprend à connaître nos articulations, on apprend à travailler leur ouverture et leur souplesse.

Résumons. La différence entre les deux méditations est que l'une consiste à ne pas se laisser envahir par ses pensées et que l'autre, au contraire, consiste à laisser libre cours aux pensées. Leurs points communs sont l'absence de prétention à la Vérité, la liberté et le respect de notre mouvement intérieur naturel de va et vient des pensées.

L'ÉDUCATION POPULAIRE AUX MOUVEMENTS NATURELS DE L'INTELLECT

LES ERREURS DE L'HOMME DE LA RUE

La pensée est une vérité

Dans le chapitre suivant, nous irons au cœur du sujet : je vous présenterai le récit d'une méditation intellectuelle sur le thème du vide. Puisse ce récit vous inviter à pratiquer la méditation intellectuelle. Osez, osez, vous n'avez rien à perdre ! Il n'y a aucun mal à remplir des cahiers de pensées. Même si elles partent dans tous les sens, même si elles sont simplistes, même si elles sont dépareillées !

Surtout, puisse ce récit vous apprendre à ne pas associer la pensée à la Vérité. En effet, les pensées ne sont pas la Vérité. Les pensées sont toujours relatives et toujours, à un point plus ou moins proche de leur « centre », imparfaites. Les pensées sont toujours imparfaites et incomplètes. Et elles sont nombreuses, si nombreuses ! Donc la somme de toutes ces pensées imparfaites et incomplètes ne saurait être la Vérité.

Une pensée définit qui nous sommes

Je tiens à vous faire cette précision et à l'expliquer avant d'aller au cœur du sujet, car je constate que nombre de gens s'arrêtent sur une pensée émise par quelqu'un et, derechef, assimilent la personne à cette seule pensée. Première erreur commune. « Tiens, il a dit ceci. Il a écrit cela. Donc il va faire ceci. Donc il va faire cela. Donc il est de tel bord politique. Donc il aime l'argent. Donc il aime la sobriété. Donc il est comme ça. » Or aucune pensée n'est absolue. Une pensée est comme un être vivant : elle vient de quelque part, elle est soumise à un environnement, elle évolue, elle se transforme, elle se dissout. La méditation orientale nous enseigne cela. Donc réduire une personne à *une* pensée qu'elle a exprimée est une erreur. De la même façon qu'il ne faut jamais réduire une personne à une de ces actions. « Tu as fait ceci et cela lentement, donc tu es une personne fondamentalement lente ». Résumer une personne à ses pensées ou à ses actions, c'est la fixer, c'est supposer qu'elle ne peut pas évoluer. C'est anti-humaniste. Nous ne sommes pas des cailloux !

Si la personne que vous réduisez à une seule de ses pensées continue à en émettre d'autres, allez-vous conserver votre jugement à son égard ?

Plusieur pensées forment une opinion

Troisième erreur commune : confondre l'expression de plusieurs pensées avec l'expression d'une opinion. « Il dit ceci, cela et encore d'autre choses : le tout forme son opinion, ainsi étayée ». Non, pas nécessairement. L'opinion est univoque, l'opinion est l'expression d'un objectif à atteindre ; la méditation intellectuelle n'est que l'exposé de pensées qui émergent, se développent et s'enchaînent spontanément. J'insiste sur cela parce que moi-même j'exprime parfois mes méditations intellectuelles plutôt que mes opinions, ce qui me vaut parfois d'être incompris. D'une part on m'attribue un statut de provocateur ou d'original, ce que je ne suis pas. D'autre part c'est pour moi désagréable d'être réduit à une seule de mes pensées. J'aime exprimer à voix haute des pensées dont l'issue n'est pas connue, même de moi-même. J'aime lancer des pensées libres, parce que je trouve que c'est bon. On a tous en soi des bouts de pensées. Peut-être que certains de nos interlocuteurs en possèdent l'autre moitié. Mais si nous n'osons pas exprimer des pensées incomplètes, nous ne créons pas l'opportunité de la pensée collective.

On dévie là un peu vers un autre sujet qui est celui de l'intelligence collective. Y a-t-il intelligence collective si chaque personne présente dans l'assemblée se contente d'émettre son opinion ou des pensées complètes ? On écrit toutes ces pensées sur un tableur et on retient celle qui convient le mieux aux objectifs. Je ne pense pas que cela soit de l'intelligence. L'intelligence, telle qu'elle se déroule dans notre tête, travaille avec des bribes de pensées. Elle regroupe plein de petits bouts de pensées qui, seules, ne font pas de sens. L'intelligence assemble les petits bouts de pensées, agite le tout de façon un peu incontrôlée et, hop[1] !, voilà une nouvelle pensée qui fait sens !

Dit autrement, les pensées ne sont pas la quintessence d'un individu. Pas plus que les émotions ne définissent à elles seules un individu. Mon identité ne se situe pas dans telle ou telle pensée, d'apparence profonde, que j'ai un jour mise sur le papier ou que j'ai un jour prononcée à voix haute lors d'un café philosophique. Cette pensée a été – est peut-être encore – une partie de moi-même, mais sans plus. Car je me considère être un « intellectuel », et l'intellectuel est d'abord celui qui sait utiliser les pensées et les construire. L'intellectuel aime à construire une pensée simple en partant de penséees compliquées, et il aime inversement à construire une pensée compliquée en partant de pensées simples. Il concentre les pensées, ou il les agrandit. Mais certains intellectuels oublient de maintenir une distance entre eux-mêmes et les pensées qu'ils ont créées. Ils en viennent à s'assimilent à leurs pensées. Ils perdent alors leur dynamique de constructeur intellectuel. Ils deviennent statiques, monolithiques (ils ne font plus que répéter leurs pensées fétiches). Ils ne sont plus en eux-même ces mouvements de concentration et d'agrandissement : ils deviennent une pensée, dont ils oublient la genèse et la relativité.

---

1 Si les mécanismes de l'intelligence étaient totalement connus, alors nous serions tels des automates, tels des programmes, et l'intelligence artificielle existerait déjà à l'heure où j'écris ces lignes. Donc je résume d'un « hop ! » magique le travail de l'intelligence.

L'intellect est inné

Les intellectuels passent une grande partie de leur temps à utiliser les mouvements naturels de leur intellect. Comme un maçon passe une grande partie de son temps à utiliser les mouvements naturels de ses bras pour poser des pierres, du mortier et des enduits. Nombre de gens ne sont pas familiers des mouvements naturels de l'intellect, qui sont très diversifiés comme le sont les mouvements du corps. Mais les mouvements naturels de l'intellect s'enseignent. Ils se montrent, ils s'expliquent, ils se transmettent. Et les mouvements de l'intellect s'apprennent d'autant mieux qu'on effectue des mouvements avec sa main et qu'on effectue des mouvements avec ses émotions. Les mouvements de l'intellect s'apprennent d'autant mieux qu'on est équilibré, entre sa tête, ses mains et son cœur.

Désacraliser l'intelligence est, avec l'écologie, une des causes qui m'animent. C'est une erreur commune de croire que la capacité intellectuelle est innée et non acquise. Simplement, dans notre bon pays, l'enseignement des mouvements naturels de l'intellect est sous-développé, au point qu'un véritable apartheid culturel existe entre ceux qui exercent des métiers manuels et ceux qui exercent des métiers intellectuels (de conception et de rédaction).

Revenons au sujet. Pour bien comprendre ce qu'est une méditation intellectuelle, pour bien la différencier de l'expression d'une opinion, pour bien la différencier d'une prétention à la Vérité (une réflexion qui mène à une théorie scientifique par exemple), je ne peux que vous inviter à assister à des cafés philosophiques, qui sont des méditations intellectuelles à plusieurs. On ne perçoit pas ces différences du jour au lendemain ; cela s'acquiert progressivment.

« L'ÉLITE » DES INTELLOS : UNE CROYANCE À DÉCONSTRUIRE

Pour l'homme de la rue, l'intellect paraît souvent tel un continent obscur et plein de pièges. Le continent de l'intellect paraît compliqué et, dans notre culture française, il paraît être réservé à une « élite ». Cette élite des intellos invoque pour elle le droit de posséder la Vérité : les universités sont les lieux où les chercheurs font apparaître la Vérité. Les chercheurs détestent qu'on les critique sur ce point-là. Se crée alors un imbroglio intellect - élite - Vérité donc élite - respect, donc l'homme de la rue ne critique pas l'élite qui « sait mieux ». Rien n'est plus faux que cet imbroglio, qui est une pure création sociale pour maintenir la hiérarchie sociale entre décidants et exécutants. Hélas, notre culture française a tellement et depuis si longtemps séparé les métiers intellectuels des métiers manuels, a depuis si longtemps séparé la tête des mains, que la déférence des manuels à l'égards des intellos est spontanée (« il faut mieux deux cons qu'un ingénieur ») et que les intellos revendiquent le droit de ne pas être en phase avec la vie quotidienne et la réalité[2].

---

2 Cf. mon texte sur la bien-pensance dans *Réflexions politiques*.

Résumons : les intellectuels habitués des méditations intellectuelles, et des méditations cartésiennes au sens strict, sont souvent perçus comme des personnes qui affirment des vérités ; les intellectuels sont des « sachants ».

Mais il y a là une confusion entre la forme et le fond, que je dois vous expliquer. Considérez par exemple l'université populaire de Caen. Elle a été appelée « populaire » parce que son rôle est de transmettre des connaissances de spécialistes au grand public. *Mais connaissance ne veut pas dire intellect ! Il ne faut pas les confondre l'un l'autre, ce qui est une erreur que l'on fait trop souvent. L'intellect est cette « chose » qui met bout-à-bout les connaissances ! L'intellect est le stimulateur, l'organisateur, le contrôleur des connaissances et de leur assemblage.* L'université populaire de Caen transmet-elle ces « mouvements naturels de l'intellect », comme je les ai appelés plus haut ? Je n'en suis pas certain. Du moins elle ne les transmet pas directement. Elle transmet d'abord des connaissances et en même temps, selon le thème enseigné, les mouvements intellectuels tout à fait indispensables à l'étude dudit thème. Ainsi Michel Onfray dans ses cours populaires de contre-histoire de la philosophie avait-il à cœur de transmettre des connaissances, mais aussi d'expliquer leur *généalogie* : d'où et par qui sont-elles advenues, comment se sont-elles développées, comment se sont-elles éteintes ou transformées.

DÉSACRALISER L'INTELLIGENCE

Ce n'est pas une démarche humaniste que de transmettre des connaissances (théoriques ou techniques) si on ne transmet pas en même temps les charnières logiques (les mouvements adéquats de l'intellect) pour les utiliser. Cf. plus loin.

L'intellect est souvent affaire de méthode, et ces méthodes restent réservées, je le concède, à une élite de spécialistes. Je sais que nous ne pouvons pas tous être des explorateurs de ce continent – ce continent qui pourtant existe en chacun de nous. Pour ceux qui souhaitent devenir de grands explorateurs, je leur donne le conseil de s'y mouvoir comme un gastronome qui goûte de tous les plats. Et sachez qu'explorer ce continent requiert de posséder en assez grande quantité une ressource simple mais importante : du temps. Apprendre à bien penser prend du temps. Plus on cogite, mieux on cogite – tout comme c'est en forgeant que l'apprenti devient forgeron. Comme pour le travail manuel, le travail de l'intellect s'apprend et se perfectionne en pratiquant. Le « potentiel » intellectuel n'est pas inné (me semble-t-il).

Dans mes livres et dans mes textes, j'aime mettre en lumière ces mouvements de l'intellect. La totale souplesse intellectuelle doit être enseignée, doit être montrée, sans quoi les pensées, les idées, sont soit néfastes, soit inutiles. Les pensées peuvent être néfastes quand elles sont comme des briques, qui tombent de leur propre poids et nous enferment entre elles avec un mortier de logique qui semble indestructible. Et les pensées, bien souvent, sont inutiles, trop légères pour nous faire bouger dans nos habitudes solidement ancrées.

D'où me vient ce souci de montrer les rouages de l'intellect ? Tout d'abord, moi qui ai fait des études, je considère que j'ai la responsabilité de faire preuve de réflexion, et de réflexion *expliquée*, dans tout ce que je fais. Je rends ainsi à la société ce qu'elle a m'a donné. Mais cette justification n'est pas la plus importante. Plus significatif est la façon dont se sont déroulées mes études. Comme je l'ai expliqué dans mon livre *Nagesi*, à l'université les professuers que j'ai eu m'ont trasmises moult connaissances, mais sans les pourquoi et les comment ! Et cette absence était à dessein, car elle permettait de faire une sélection efficace et drastique des étudiants. C'était la pire des démagogies… Il m'a fallut plusieurs années pour comprendre cela. Depuis ce moment-là, j'aime expliquer qu'une pensée est à la fois un outils et une construction. Un outils qui s'utilise ainsi et ainsi, une construction qui a été réalisée ainsi et ainsi, qui sert à ceci et ceci mais pas à cela.

Cher lecteur, voici maintenant le cœur du sujet : le récit d'une méditation intellectuelle sur le thème du vide.

Méditation intellectuelle sur le thème du vide

Le vide de matière et la peur

Le vide est absence. Avons-nous peur de tomber dans le vide ? Précisément, non. Précisément nous pouvons tomber à *travers* le vide. Ce qui nous effraie est ce qui se trouve de l'autre côté du vide. Peut-on avoir peur du vide en soi ? J'en doute, car ce serait avoir peur … de rien.

Mais il faut que le vide soit grand pour qu'on ait peur de ce qui existe de l'autre côté. Si le vide est petit, il ne nous effraie point. Personne n'a peur du vide qui sépare les yeux de la main, par exemple. Si le vide est grand, et qu'il se situe plus bas que nous, alors il commence à nous faire peur. Car nous pouvons tomber à travers.

Ce vide-là fait peur. Marchons sur une poutre large d'une main, positionnée à plusieurs dizaines de mètres au-dessus du sol, et nous aurons peur. C'est la chute qui nous fait peur, pas le vide en soi.

Le vide est, par définition, vide. On ne peut pas s'appuyer dessus. À défaut d'avoir des ailes ou un parachute.

Cependant, chez certaines personnes l'idée même de ce genre de vide, qui est immense tel le ciel, peut suffire à faire peur. Imaginons le vide là-bas, dans le canyon dont on ne voit même pas le fond. Imaginons le vide là-bas, au bord de la falaise abrupte, au-bas de laquel on distingue à peine les vagues qui s'écrasent sur les rochers. Voire imaginons cette très douce pente, mais très longue, qui aboutit à un point de vue fort haut, si bien qu'un paysage immense se déroule devant nos yeux quelques milliers de mètres plus bas que nous : horreur ! Imaginons tout cela : oui, cela peut faire peur.

Le vide est vide ; il est donc vide de repères. Le plateau des vaches dure aussi longtemps que le bord de la falaise n'est pas atteint. Sitôt la falaise atteinte, tous nos repères se perdent entre le gris de la mer et le bleu du ciel. Dans le vide, il n'y a rien auquel on pourrait se raccrocher.

Donc si vide il y a, c'est quand on ne peut se raccrocher à rien du tout. La main qui ne peut se refermer sur rien ne peut pas tenir le poids du corps et empêcher celui-ci de choir. Peut-être que si nous n'avions pas de main, nous n'aurions pas peur du vide ?

Une patinoire est fort proche du vide. À moins de savoir patiner, il n'y a rien à quoi se raccrocher quand on perd l'équi-livre. On git alors lamentablement, allongé ou à quatre pattes, sur la glace glissante et froide, nos pieds et nos mains bougeant sans rencontrer de rugosité pour renvoyer le mouvement et nous faire avancer ou pour nous relever. Comme dans le vide.

Sur une patinoire, quand on est allongé sur la glace, au moins n'a-t-on plus aucun vide à traverser. On est au plus bas. À part peut-être le vide de la honte – ou au contraire le trop-plein du rire.

Le vide : est-il si effrayant parce que nous savons qui si nous le traversons, nous ne pourrons plus bouger ? Nous aurons perdu ce qui fait de nous des êtres animés. De l'autre côté du vide, l'immobilité.

Levons la tête : que voyons-nous ? En général, du vide. Du vide jusqu'au plafond. Jusqu'au toit. Ou, dehors, jusqu'au bout du bout de la galaxie (si ce genre de bout existe !). Nous devrions être horrifiés du vide immense que nous voyons quand nous levons la tête vers le ciel : que de vide ! Que d'espace intersidéral immense et immensément vide ! Presque jusqu'à l'infini.

Tiens, justement, est-ce la raison de notre absence de peur quand nous contemplons le vide du ciel ? Nous n'aurions pas peur de ce vide car il serait infini. Ne pouvant jamais atteindre – tomber – de l'autre côté, nous n'avons pas peur de l'infini. Par définition, l'infini n'est pas ce qui sépare un bord de l'autre. Une surface d'une autre. Qui a peur du vide infini ?

La peur du vide est donc liée au temps. Au temps qui s'arrête, plus précisément. Faisons un saut en direction du ciel et imaginons, imaginons, que nous montions, montions, sans cesse, que nous traversions l'atmosphère et voguions à la même allure à travers tout l'espace. Sans risque aucun de tomber sur quoi que ce soit. Ce vol durerait une éternité, car il faut une étérnité pour traverser un espace infini.

Le vide qui nous fait peur est ce vide qui nous donne à penser qu'au-delà du vide, ou en-deça, c'est la fin qui s'y trouve. La traversée du vide dure quelques instants, au cours desquels nous ne pouvons rien faire, puis vient le contact avec l'autre côté du vide, qui est plus ou moins dur selon que le vide était petit ou grand, puis vient le temps qui s'arrête. Pour quelques secondes ou pour toujours ! Bref, le vide n'est rien d'autre qu'un raccourci vers notre mort. Vers le bout du temps. Le temps qui s'arrête : immobilité.

Nous qui sommes des êtres animés qui bougions sans cesse, le vide nous sépare de notre plus grande peur : ce qui est inanimé. Ou bien non ? Car on peut tenir un caillou dans sa main, qui est une chose inanimée, sans en avoir peur. Le vide comme barrière philosophique entre le monde animé et le monde inanimé : voilà une thèse friable.

Qui a peur du vide ?

Le vide au sens propre et le vide au sens figuré sont similaires. Si on vous présente un cours de physique théorique, domaine auquel vous n'y connaissez rien, et qu'on vous demande de contrôler un satellite grâce à ce cours, vous allez échouer. Échouer, de échouage, c'est-à-dire un contact dur et fracassant avec la réalité inaltérable. Vous n'aurez rien à quoi vous raccrocher ; l'échouage sera inévitable. Le satellite sera hors-contrôle. Et ce sont vos pensées – non votre corps – qui dans ce cas mourront. Je ne penserai rien et vous ne penserez plus rien, jusqu'à ce qu'on vous permette de quitter cet horrible domaine de la physique théorique auquel vous ne comprenez strictement rien. Bref, c'est un domaine qui n'est qu'un nom ; dedans, pour vous, il est tout à fait vide. Le traverser, c'est faire comme une météorite qui ne contrôle pas sa trajectoire et va s'écraser sur la première masse de gravitation venue. Dans ce domaine, vous n'avez pu vous raccrocher à rien, donc vous êtes tombé. Vous ne pouviez que constater que les pensées défilaient autour de vous, sans que vous ayez le temps de les considérer et de les manipuler. Vous saviez que ces pensées devaient s'emboîter parfaitement entre elles, comme les briques d'un jeu de tetris, mais vous ne pouviez pas les manipuler et vous étiez comme un bille de plomb qui tombait à travers le jeu.

Avez-vous remarqué que la peur du vide est surtout la peur du contact avec l'autre côté, et que cet autre côté est bien souvent unique ? S'il y avait plusieurs côtés aurions-nous aussi peur du vide ? Voilà la thèse à tester : que le vide serait unidirectionnel. Car si de l'autre côté nous ne savons pas à quoi nous attendre, est-il là question du vide ? Le vide est un unidirectionnel connu. Il n'est pas un unidirectionnel inconnu. Ou aléatoire. Il y a dans le vide quelque chose de similaire au destin. Traverser le vide en ne sachant pas sur quoi on va tomber : cela fait-il plus peur que de traverser un vide et savoir sur quoi on va tomber ? Le chat ne saute pas au-dessus d'un vide s'il ne sait pas sur quoi il va retomber de l'autre côté. D'un côté le connu, au milieu le vide et de l'autre côté l'inconnu : ne pouvant pas décider de la matière qui nous réceptionnera, notre destin décidera pour nous.

De même qu'on ne peut pas arrêter notre traversée du vide en gesticulant, on ne peut pas arrêter notre destin. Car ce à quoi on se raccroche n'est jamais que des jalons de notre destin. Pour ce qui est du destin, on peut s'accrocher à quelque chose, mais cela ne dure pas. On reprend tôt ou tard notre « chute ». Alors que le vide, lui, peut être définitivement interrompu. Par exemple, quand on descend une échelle, chaque barreau est une sorte d'interruption du vide. Les paliers d'un escalier sont des interruptions du vide, qui sont tout à fait fiables. Si vous descendez du cinquième étage et que vous vous arrêtiez au troisième étage, vous pouvez y demeurer aussi longtemps que vous souhaitez. Avec le destin, vous n'avez pas cette possibilité de décision.

Le destin est un vide dont on ignore l'autre côté, et qu'on ne peut pas s'empêcher de traverser. Le vide n'est pas inéluctables ; le destin, si. Nous ne pouvons même pas être certains que la mort soit la dernière étape de notre destin !

LE VIDE ET LA SOLITUDE

La solitude est un vide : autour de vous, quand vous êtes seul il n'y a personne. Quand vous aimeriez avoir de la compagnie, il n'y a personne. Quand vous aimeriez être seul, vous l'êtes tout à fait.

Il est bien connu qu'on peut être seul dans la foule. Plus les villes sont grandes, plus les célibataires y sont nombreux, ce qui est paradoxal. Ou bien, cela relève d'une certaine logique : plus nous sommes nombreux sur un espace donné, plus nous sommes individualistes. Dans une grande ville, vous voyez plein de personnes, vous les entendez, elles sont à portée de main dans le métro, dans la rue, etc. Et pourtant, si vous tombez par terre, si on vous agresse, personne ne viendra vous porter secours. On vous regardera avec crainte : « est-il vraiment tombé par terre ? » voire « est-il vraiment en train de se faire agresser ? ». Vos mains ne parviendront à saisir personne, et même votre regard ricochera sur ces formes humaines proches mais distantes.

Qu'est-ce que le vide de la solitude ? C'est garder tout pour soi. Dès qu'on veut extérioriser quelque chose, une pensée, une émotion, on la lance hors de nous et, ne trouvant aucun destinataire, elle nous revient intacte. Elle revient en nous. La personne seule vit dans une bulle dont la surface inférieure serait tel un miroir réfléchissant. Dans cette bulle, nous ne voyons jamais que nous-mêmes. Nous en sommes les seuls habitants, nous et notre reflet.

La solitude peut avoir des avantages. Seul, nous avons toute liberté de faire ce que nous voulons. Par exemple développer nos pensées en ligne droite, aussi loin que cela nous sied. Il n'y a aucun risque qu'elles viennent heurter quelqu'un. Nos pensées voyageant sans jamais rencontrer d'obstacle dans notre bulle vide, elles peuvent également grossir. Elles peuvent se solidifier se faisant, mais surtout grossir. C'est-à-dire que sur le fil de la pensée simple et originelle, se sont accumulées tout un tas d'autres pensées, qui transforme le tout en un grosse et lourde corde. Un examen critique par une confrontation avec l'esprit d'autres personnes pourrait permettre de « racler » et d'éliminer tous ces agrégats, notamment les plus mous. Mais, dans le vide, tout ce qui naît une fois existe pour toujours.

Le vide est la matrice de l'éternité.

La bulle vide de notre solitude, après quelque temps, finit par se combler totalement avec nos pensées adipeuses, et avec nos émotions non moins adipeuses. Nous enflons jusqu'à remplir totalement le vide de notre solitude. Et toute notre graisse cristallise, durcit. Nous ramenons tout à nous-mêmes et ce tout, nous le regardons inlassablement avec notre unique grille de lecture rigidifiée dans la graisse froide.

Quelque temps plus tard, cette sphère du vide devient opaque et impénétrable. « La Nature a horreur du vide ! » En effet, nous ne supportons pas la solitude. Nous sommes des singes sociaux. Des chimpanzés. Par combler le vide de la solitude, nous l'avons rempli frénétiquement de pensées et d'émotions, sans nous soucier de leur qualité. Le plein était plus important.

Nous sommes des singes sociaux comme les chimpanzés. Quoi que certains d'entre nous tiennent plus de l'orang outan : ce singe des forêts qui mène une vie de solitaire, sans prêter attention à ses congénères qui vaquent à quelques mètres de lui. L'orang outan n'a pas conscience des autres ni de sa solitude, quand le chimpanzé sans cesse recherche et construit des relation sociales.

Le mieux est de savoir changer quand il le faut : être chimpanzé certains jours et orang outan d'autres jours ! Je crois que l'orang outan laisse son vide se remplir par la Nature, quand le chimpanzé, qui a horreur du vide, cherche en tout temps à le remplir de vie sociale.

Le vide émotionnel

Indifférente, apathique, insouciante, neutre, étrangere, ne se sent pas concernée, déconnectée, insensible, impassible, froide, distante : ainsi qualifie-t-on la personne qui assiste à une scène poignante de vie ou de mort sans montrer la moindre émotion et, vraisemblablement, sans en ressentir aucune.

Cette personne indifférente, à l'intérieur de qui rien ne se passe apparement quand bien même rentrent en elle des images, des scènes ou des bruits riches en émotions, serait elle-même vide de toute émotion. Elle ne s'en remplirait pas, elle demeurerait vide. N'éprouvant aucune émotion, elle ne bouge pas, elle ne réagit pas. Les émotions, étymologiquement, sont « ce qui met en mouvement ». Un des qualificatifs exprime cette absence de mise en mouvement : impassible. La personne est impassible. Étymologiquement, l'émotion est aussi « ce qui échauffe ». Le qualificatif de froide convient alors tout à fait. « Elle est froide et impassible ».

Il ne fait aucun doute que certains d'entre nous ne réagissent pas émotionnellement à certaines situations. Ce n'est pas un processus dichotomique : soit on est émotif, soit on ne l'est pas. Non, chacun ressent plus ou moins des émotions. Certains sont envahis voire submergés par leurs émotions, d'autres au contraire en éprouvent de si faibles qu'ils en ont à peine conscience. Ces derniers vont assister à des situations dramatiques sans rien ressentir et vont continuer leur vie comme si rien ne s'était produit. Ils demeurent « vides ».

Mais parmi ceux qui ne ressentent rien, le vide ne reste pas vide. Il se remplit – car la Nature a horreur du vide – de pensées. Il se remplit de réflexions, d'analyses, d'imagination, de conception, en réaction à la scène terrible ou heureuse dont ils ont été les témoins. Ils ont gardé « la tête froide ». Et c'est se tromper que de leur reprocher l'indifférence : ils ne sont pas indifférent, seulement ils réagissent intellectuellement et non émotionnellement. Je crois que, dans de nombreuses situations, j'agis moi-même ainsi. Sauf si je subis ce que je considère être une injustice. Comme beaucoup d'entre nous, je suis indifférent aux soucis des autres, mais hyperréactif et émotionnel quand c'est à mon tour d'éprouver des soucis.

Que je suis petit et misérable ! Comme tout le monde !

Le vide émotionnel est-il un luxe qu'on peut s'accorder quand on le souhaite ?

Le vide émotionnel peut être un objectif de méditation. Orientale. Mais il faut l'expliquer sans quoi on pourrait penser que méditer sert à se transformer en légume ! Dans ce type de méditation, le vide n'est pas absolu. À force d'apprendre à laisser passer les pensées et les émotions au cours des séances de méditation, on perd progressivement l'attachement à nos émotions et à nos pensées. Au cours de la méditation, on apprend à reconnaître que pensées et émotions naissent spontanément dans notre esprit. Tout le temps, sans cesse. C'est ainsi : elles sont le produit du cerveau, au même titre que les poumons font circuler l'air et le cœur notre sang. On apprend à les laisser naître puis à les laisser passer, comme des nuages dans le ciel ! Elles partent d'elles-mêmes.

Après plusieurs années de pratique de cette méditation, on laisse spontanément passer nos émotions. On ne s'y attache pas, les mauvaises comme les bonnes ! On les éprouve, mais on ne les laisse pas occuper notre espace intérieur sans limite de temps. L'espace qui est laissé libre dans notre conscience, la réflexion et la logique peuvent ainsi l'occuper, afin de réagir en adéquation avec la situation, quelles que soient les émotions qui ont surgi en nous (leur nature et leur intensité). Ce n'est donc pas comme si nous n'avions éprouvé aucune émotion, et ce n'est pas non plus comme si nous laissions libre cours à nos émotions. C'est une « voie du juste milieu », comme on les aime tant dans le bouddhisme !

Certaines personnes ne réagissent pas à des situations dramatiques ou heureuses sans que cela soit pour autant dérangeant. Ces personnes ne sont ni a-réactives émotionnellement, ni intellectuellement réactives seulement, ni émotionellement bouddhistes. Elles éprouvent un vide émotionnel face à certaines situations parce qu'elles sont ou trop jeunes ou trop âgées pour pouvoir y réagir. Ce sont là des évidences. Le bambin mis en face d'une situation complexe peut ne pas réagir. C'est normal, car il ne prend peut-être même pas conscience de la situation. Et s'il en prend conscience, il n'a certainement pas encore acquis le raffinement émotionnel nécessaire pour y faire face. À l'autre bout de la ligne de vie, les vieillards peuvent être à bon droit indifférents à ce à quoi ils assistent. C'est leur droit, eux qui « en ont vu de toutes les couleurs » durant les nombreuses années de leur vie. Le bambin est au stade « anté-émotion » : en lui ne naissent pas encore les émotions qui vont le faire bouger ou le faire s'échauffer. Le vieillard est au stade « post-émotion » : plus aucune émotion ne peut le faire bouger. Sa vie ne se mesure plus à l'aune de sa réctivité au tumulte du monde. Sa vie a désormais pour repères les grandes masses éternelles : le ciel, les étoiles, les montagnes, les pierres, le vent... Le vieillard s'inscrit dans un autre rythme, qui n'est plus celui des émotions. Bambin et vieillard sont a-émotionnels, c'est-à-dire que pour eux la question d'être plein ou d'être vide d'émotions ne se pose pas. La question ne fait pas de sens.

Pour conclure ce chapitre du vide émotionnel, revenons sur les personnes qui n'éprouvent ni émotions ni pensées face à des situations horribles ou joyeuses. On dit aussi d'elles qu'elles sont renfermées en elle-mêmes voire qu'elles sont autistes. Leur absence de réaction les rend-elles dangereuses ? Ou au contraire ces personnes impassibles sont-elles des bénédictions pour la société ? Certains tueurs en série sont apathiques ; ils ne réagissent pas face à la souffrance ou à la mort. D'où les crimes qu'ils commettent sans que cela soit pour eux anormal de quelque façon. Les « idiots du village », autrefois, étaient au contraire de braves gens, limités mais braves, gentils, doux. On pensait que Dieu ou « la Nature » s'exprimait à travers eux. Donc il fallait les respecter. Les autistes d'aujourd'hui, apathiques, peuvent-ils bénéficier du même respect ? Les personnes cruelles, égoïstes, qui ont été à l'origine des plus grands crimes, tels que Hitler, Staline ou Mao, n'étaient pas des sacs vides d'émotions. On les a souvent dépeints comme des monstres froids et insensibles. Au contraire ils étaient remplis à ras bord d'émotions – de mégalomanie et de perfectionnisme. C'était la *nature* de leur réactions émotionnelles qui était mauvaise. Une personne qui n'éprouve pas d'émotion ne pourrait pas pu se hisser à la tête d'un régime autoritaire. Du moins je ne le crois pas possible.

Au fait, et si une intelligence artificielle devenait un jour le président de la France, par exemple ? Ne faudrait-il pas se méfier de cette intelligence dépourvue d'émotions ?

...

LE VIDE DE RÉALISATION

« Est-ce que ce que je fais dans ma vie a un sens ? Qu'ai-je fait dans ma vie ? Qu'est-ce que je veux faire encore ? » Normalement, nous rencontrons tous ces questions tôt ou tard. Certains d'entre nous mènent une vie remplie à ras bord de réalisations. Ils ne peuvent pas s'empêcher de faire et defaire, d'imaginer et de réaliser des projets, sans cesse, sans pause. Les projets s'enchaînent, l'un touche à peine à sa fin que le suivant est déjà commencé et que le prochain est déjà en train d'être conceptuellement élaboré. Pour eux, tout est matière à fascination, car tout est potentiellement un matériau qui peut servir à faire quelque chose d'autre. Quand la vie leur donne ceci, ils en font cela. Quand ils n'ont rien devant eux, alors ils imaginent, ils inventent, ils créent ex nihilo. Passer de l'un à l'autre, réduire, agrandir, transformer, régénérer, retrouver, inventer… Sur le plan technique ou sur le plan humain, ou sur les deux à la fois ou en alternance.

Ces gens qui réalisent sans arrêt étaient comme ça dès leur enfance, me semble-t-il. Ils étaient des enfants qui s'ennuyaient rarement ; un bac à sable suffisait à les occuper. Ils en faisaient tout un monde de routes, de maisons, de montagnes, de tunnels… Si ce n'était le sable, des boulons et des écrous faisaient acquéraient le même rôle matière première.

Adolescents, ils avaient une passion voire plusieurs. Aucune seconde de leur vie n'était vide ! Même observer était une réalisation : observer ceci ou cela, de cette façon-ci ou de cette facon-là, en voir tel aspect sous tel angle et tel autre aspect sous tel autre angle…

Adultes, le vide leur est … insupportable ! S'ils n'ont pas de matériau entre les mains, concret ou abstrait, ils piétinent, ils font du sur-place : c'est «l'horreur ! ». À côté du travail, toujours depuis l'adolescence, un loisir, une passion, exigeante évidemment, les occupe. Cette personne qui fait plein de choses veut aller à chaque fois jusqu'au bout de ce qu'elle fait. Une fois un nouveau sport découvert, elle va se perfectionner dans ce sport jusqu'à atteindre au moins le seuil de la grande maîtrise. Elle veut et elle va apprendre tout ce qu'il est possible d'apprendre de ce sport. Comme une éponge, elle va tout absorber. Non pas que cette personne ressente un sentiment de vide intérieur, au contraire. Elle n'est pas vide : elle est toujours remplie d'idées, de connaissances, d'expériences, d'émotions, de savoir-faire. Et chaque nouveau domaine à explorer est une brique qui va se rajouter à celles de son « édifice personnel ». Bref, cette personne dont la vie déborde de réalisation ne se comporte pas ainsi pour combler un vide mais pour s'augmenter soi-même. Me semble-t-il. Elle s'augmente en permanence.

Une fois arrivée à un grand âge, la personne à la vie débordante de réalisations ne s'arrête pas là : elle va transmettre, sans cesse, son savoir, son expérience, ses arguments, ses méthodes. Elle va transmettre tout tout tout. Car pour elle la transmission est aussi une création.

Je crois que nous connaissons tous de telles personnes, actives sur plusieurs fronts à la fois, passant de projet en projet. Elles connaissent beaucoup de monde et elles prodiguent beaucoup de conseils. Elle écoutent et elles encouragent, sans compter leur temps et leur énergie. Et elles possèdent une sagesse certaine, qui nous permet de nous dépasser nous-mêmes.

À l'opposé, qui est la personne dont la vie est vide de réalisation ? Je suis tenté d'écrire que la personne dont la vie déborde de réalisations n'en fait jamais qu'à sa tête. Elle ne se laisse certainement pas dire quoi faire et comment le faire. On – sa famille, son milieu – n'a pas besoin de penser pour elle.

Donc cette personne qui ne fait rien dans sa vie, qui ne fait rien *de* sa vie est peut-être le mieux caractérisée par ... son absence de personnalité. C'est celle qui ne fait que ce qu'on attend d'elle. C'est l'enfant qui ne sait pas s'occuper seul et qui ne fait que ce que les membres de sa famille lui disent de faire. C'est l'enfant puis l'adolescent qui suit sans réfléchir les modes vestimentaires, langagières et comportementales de ses camarades de classe. C'est l'étudiant qui choisit des études afin d'avoir un travail avant tout rémunérateur et facile, qui lui permettra de vivre comme tout le monde. C'est l'adulte conformiste qui ne veut pas de « vagues » dans sa vie, qui est très attaché à suivre les modes cette fois en termes de voitures, de maisons, de vacances. C'est l'adulte dont la vie suit un rythme inaltérable, routinier, répétitif, cyclique, programmé. C'est enfin le vieillard qui ne supporte pas le moindre écart dans sa routine, le moindre désagrément, la moindre irritation. Il chérit l'ordre par-dessus tout, ensuite la propreté. Bien sûr, durant toute sa vie cette personne aura été très prévoyante, s'assurant pour les maladies, les risques en tout genre, la vieillesse, les accidents domestiques... C'est une personne qui aura voté conservateur, afin que l'environnement économique et culturel dans lequel elle gagne sa vie sans trop d'effort soit maintenu coûte que coûte, pour que sa retraite soit payée et pour que ses enfants puissent avoir la même vie qu'elle.

Cette personne-là n'aura jamais rien faire d'autre qu'on lui ait dit de faire. Elle aura eut de nombreuses heures de temps libre, qu'elle aura remplies à lire les journaux, à pêcher, à tondre chaque semaine sa pelouse. Politiquement, elle n'aura jamais eu d'opinion personnelle, se contentant de s'exprimer dans le sens de la majorité. Elle aura mené une vie « sans surprise ».

Mais il existe une autre catégorie de personne à la vie vide. Ce sont les « loosers », ce qui signifie les « perdants ». Ceux qui ont « raté le train de la vie ». Ils ont sombré, tôt, dans une spirale vicieuse de fainéantise et de plaisirs faciles et bon marché. Quand la catégorie précédente de personne remplissait un peu sa vie avec les prescriptions du sens commun, sans montrer aucun zèle particulier, cette catégorie-ci n'a pas l'envie, ou pas les moyens, de rien vouloir du tout.

Enfant, elle ne va jamais jusqu'au bout de ce qu'elle fait, si on ne lui dit pas d'aller jusqu'au bout et qu'on la surveille. Adolescent, elle se fiche de tout, elle rigole d'un rire gras, lourd et lent. Elle rigole de tout d'ailleurs. Elle n'a cure ni de ses professeurs ni des autres élèves qui sont des meneurs de groupe. Elle passe son temps à regarder, mais jamais à faire. Elle ne fait pas d'étude, car elle est sortie du système scolaire faute de faire le moindre effort de concentration. Adulte, elle a sombré dans l'alcool ou la drogue. Elle devient paranoïaque, car elle n'a rien dans sa vie, mais elle croit qu'on en a après elle. Elle croit qu'on veut ce qu'elle possède ou ce qu'elle sait. C'est un rêve, bien sûr. Cette paranoïa est le dernier mécanisme d'auto-conservation de l'égo, avant de sombrer dans le néant et la mort de l'âme. Elle a rien, elle ne fait rien, mais elle est convaincue qu'elle peut tout.

Quand nous ne faisons rien dans notre vie, je pense que nous ne sommes rien. Nous sommes vides, mais un curieux mécanisme démarre alors. La personne qui est vide s'imprègne pourtant du monde entier, via la télévision, via internet, via son cercle de connaissances. Mais ces « entrées » ressortent aussitôt. Elles ne la remplissent pas du tout ! La personne fait deux voire trois remarques sur cette actualité qui lui est parvenue. Ce sont des remarques de quelques mots, jamais de longues phrases ; la personne est convaincue de posséder des vérités profondes, inaltérables, justes. Elle juge comme si elle possédait la sagesse de tout un peuple, et elle est totalement sûre d'elle-même. Et puis, une fois les remarques faites, une nouvelle actualité lui parvient aux yeux ou aux oreilles, et elle réagit à nouveau de la même façon. Mais sans jamais se remettre en cause, sans jamais questionner ses jugements, sans jamais utiliser un tant soit peu ces « entrées » pour analyser avec sa vie passée et sa vie présente. Curieusement, cette personne vide qui n'a rien fait a toujours raison. Quand on lui demande ce qu'elle a fait, elle nous racontera une expérience minimaliste, par exemple avoir semé trois carottes, de laquelle elle aura déduit les lois de la société et de l'univers ! Cette personne-là n'a pas conscience qu'elle n'a rien fait et qu'elle ne fait rien. Elle a la parole facile et large, sachant tout sur tout. Seule la paranoïa la maintient en vie.

Quand tout une vie est passée à ne rien faire, est-il possible d'en prendre conscience et, enfin, de se mettre à faire des choses ? Cela doit certainement être très difficile.

Il existe aussi des gens qui sont vides parce qu'on les empêchent de se remplir. Ils sont vides, ils ne font rien, car ils sont interdits de tout. Pensons à elles : car dans certains pays non démocratiques, les esclaves, les souffre-douleur et les fanatiques existent bel et bien. Pour faire des gens de la sorte, il suffit de ne pas leur donner accés à l'éducation – qui enseigne le libre-arbitre et transmet les savoirs universels de base. Ces gens ne font jamais qu'une seule chose : obéir à leur maître / tyran / gourou / chef de clan / président. Ils ne sont que des exécutants ; ils ne peuvent rien faire par eux-mêmes. Ils sont donc interdit d'identité individuelle.

LE VIDE DE SENS

Ici il sera question du sens que l'on donne à sa vie. Tout d'abord, nous posons-nous cette question du sens pour les animaux et pour les plantes ? Pour les rochers, les montagnes, le ciel et les étoiles ? Non, parce que leur existence fait de facto sens : ils « sont », et cela suffit. Ils sont la vie, ils sont le monde.

Nous « sommes » aussi, mais cela ne nous suffit pas. Vraisemblablement ! Nous devons avoir un sens à notre vie, un sens que l'on nous attribue ou que l'on s'attribue soi-même, qui soit plus que seulement exister.

Quand le sens de notre vie nous est attribué, on peut l'accepter avec joie ou avec peine. Mais qui l'attribue ? Ce peut être Dieu, le Grand Architecte de l'Univers, les esprits de la Nature ou plus prosaïquement la famille, la communauté, la nation, le président, le roi, le maître, le chef, etc. Ce peut être la Nature, tout simplement. Mais dans ce cas, il est souvent désagréable d'être ramené au même « niveau » que les plantes et les animaux. Ainsi, les maladies congénitales et génétiques contraignent bien des personnes à une vie dont le sens est fixé par la tare corporelle ou mentale. Le sens de la vie ne parvient pas à excéder l'infirmité. On ne sent pas complètement humain.

Quand on nous attribue le sens de notre Vie, souvent on se plaint de ne pas avoir eu la liberté de le décider, de le choisir ou de le construire soi-même.

Le sens de la vie nous remplit ; quand nous n'en n'avons pas, nous sommes vides. Même le construire implique d'être d'abord vide — sinon nous n'aurions pas à le construire, ce qui serait une lapalissade.

Et pourtant, même vides, même jouissant d'un total libr-arbitre et d'une totale liberté pour construire le sens de notre vie, bref même en possession d'une parfaite feuille blanche, sommes vraiment tout à fait vide ?

Je pense que non. Si notre vie n'a pas de sens, nous avons pourtant des inclinaisons. Nous avons, il faut l'admettre, des inclinaisons naturelles. Elles sont plus ou moins différentes d'un individu à l'autre. Comme leur nom nous l'indique, elles nous donnent une pente, donc un mouvement. Même sans avoir défini le sens de notre vie, nous bougeons inexorablement dans une certaine direction. Dans la grande armoire de votre vie, l'étagère avec l'étiquette « sens » est-elle vide ? Cherchez alors à l'étagère des inclinaisons !

Mais qu'est-ce que le sens ? D'un point de vue formel, par sens on peut entendre

- un objectif, une direction. On va aller d'un point A à un point B, en ligne plus ou moins droite, en fanchissant tous les obstacles ;

- un horizon, c'est-à-dire une direction un peu vague, large. Ainsi d'un point A on va aller vers les points B, C, D ou tout autre point intermédiaire ou semblable. Quand les obstacles se dressent devant nous, on peut choisir de les affronter ou de les contourner (en déviant un peu notre direction, notre cap) ;

    - cas particulier : l'ouverture en compas. C'est-à-dire qu'on va balayer non pas tout l'horizon mais une certaine portion de l'horizon, en ouvrant progressivement son angle de vue ;

    - cas particulier : l'ouverture en équerre. C'est-à-dire qu'on va balayer non pas tout l'horizon mais une certaine portion de l'horizon qui est comprise entre deux points aux caractéristiques contraires. Aux caractéristiques opposées. Par exemple de la richesse à la pauvreté, de l'indigence à l'épanouissement, de la laideur à la beauté, de l'industrie à l'artisanat, de la main à la machine…

- un cadre, un périmètre, c'est-à-dire qu'on ne poursuit pas d'objectif mais qu'on choisit de se déplacer librement entre certaines lignes à ne pas franchir. On « butine » comme des abeilles, on explore le terrain, on se fait une maison puis deux, puis on en change…

- cas particulier : le cercle. C'est-à-dire qu'on rayonne en partant toujours du même point et en y revenant sans cesse. C'est typiquement l'exploration, toute une vie durant, de tous les aspects d'un seul et unique phénomène ;

- cas particulier : le point. C'est-à-dire l'ici-même, maintenant et pour toujours. C'est la perpépétuation, le non-agrandissement, la non-exploration.

• En plus de ces définitions bidemensionnelles du sens, on peut imaginer des définitions tridimensionnelles, c'est-à-dire, notamment, le fait de s'élever ou au contraire de retomber. Le fait d'être très haut ou d'être très bas.

• On peut aussi penser le sens en terme de lumière, entre l'obscurité la plus totale et la lumière la plus pure et la plus puissante.

• On peut penser le sens en terme de dynamique : long fleuve tranquille, torrent rapide, méandres, larges et douces boucles, réactivité, passivité, mollesse, dynamisme.

• Ou en terme de diffusion : concentré, diffus, une ligne centrale et plein de petites lignes parallèles, dispersé, concentré, dispersé homogène, éparpillement aléatoire.

- Ou en terme d'émotions : chemin de joie, de passion, de tempérance, de sérénité, de béatitude ou au contraire de peine, de « croix à porter », de peur, de jalousie, de haine, etc.

Nous venons de faire là une rapide carte du sens de la vie, pour indiquer où et comment la vie peut être pleine – ou vide – de sens. Je crois que chacun de nous sait où il se situe sur cette carte, intuitivement. Et on sait également si notre position est proche ou éloignée, brillante ou timorée, étendue devant et derrière ou ponctuelle qui ne laisse pas de trace de son passage, par rapport à une position que l'on qualifierait d'idéale. Ce qui est certain, c'est que nous sommes toujours quelque part. Nous pouvons être perdus, mais nous sommes quelque part. Et pour trouver où, il faut trouver le sens. À partir du moment où on trouve le sens, la vie ne fait plus peur. Il y a certes du vide de part et d'autre de l'horizon, du périmètre, de l'angle, du cadre, etc. Mais quand nous marchons sur le chemin qui nous fait sens, nous ne pouvons pas perdre l'équilibre et tomber dans le vide.

Parfois il me semble que ce chemin, qui est toujours unique parce que nous ne pouvons pas aller sur plusieurs chemins en même temps, est aussi très mince. Parfois, c'en est presque vertigineux, je ressens comment ma vie est liée irrémédiablement à ce chemin qui fait sens pour moi. Si je le quittais d'un pouce seulement, je ne serais plus heureux. Ce chemin est également angoissant par son manque de visibilité à long terme. Je vois, tout en cheminant, que devant moi il y a du vide. Pour ne pas devenir pessimiste, je me convainc que ce vide est en fait la liberté, la créativité, l'imagination. Il n'incombe qu'à moi de combler ce vide, avec quelques éléments présents ou passés de ma vie qui ne demandent qu'a être mieux connus ou explorés. Le vide de sens ne demande qu'à être rempli de belles constructions.

Quand notre vie est tout à fait satisfaisante, quand elle ne comporte « rien de trop », quand nous posons nous-même devant nous les pierres sur lesquels nous ferons les prochains pas, qu'en est-il du chemin qui est parcouru ? Demeure-t-il pour toujours ? S'efface-t-il ? Au fur et à mesure que j'avance dans ma vie, je constate que certaines portions de mon passé retournent à l'obscurité. Ma mémoire se remplit des connaissances nécessaires pour le présent et se vide de celles inutilisées depuis longtemps. Je suis réaliste : je ne laisserai pas de traces de mon passage sur Terre. Qui de nous le fait ? Le temps efface presque tout, sinon il déforme tout.

Le temps rétablit le vide ; il n'y a que le présent qui peut être plénitude.

LE VIDE DE LA MORT

Arrivés au bout de la vie, que trouverons-nous ? Un vide, le vide de la mort ? C'est bien possible. Pourtant c'est à ce moment que notre vie sera la plus riche, la plus remplie. Elle sera remplie de toutes nos expériences et de toutes nos connaissances. Et, d'un coup, il n'y aura plus rien ! Le tout deviendra néant. Le tout deviendra vide.

Peut-être. Le bon sens ne veut-il pas que « rien ne se perd, rien ne se crée, tout se transforme » ? Notre corps certes ne disparaîtra pas, il se transformera sous l'action des microbes et autres petites bêtes. Sa matière deviendra la leur. Voilà qui me convient ! Mais nos connaissances ? Nos expériences ? Notre intellect ? C'est cela qui nous est le plus précieux, n'est-ce pas ? C'est là que se trouve notre humanité. Qu'adviendra-t-il de tout cela ? Mystère…

Pour ne pas conclure la méditation par un tel vide, je vous propose un thème plus concret : le thème du vide d'objets.

LE VIDE DE CONSOMMATION

Notre société est celle de l'avoir ! Chacun de nous possède une multitude d'objets. Plus on en a, mieux c'est, pensons-nous. Certains objets sont futiles, d'autres sont importants et peuvent constituer un « capital » qu'on lèguera ou qu'on vendra. Nous vivons dans la culture du beaucoup. Et si nous vivions dans la culture du peu ? Du nécessaire et suffisant, c'est-à-dire du presque vide ? Si nous vivions dans le dénuement monastique ?

Peut-on vivre sans rien posséder ? Vaste et éternelle question que celle-ci. Si nous pouvions attribuer un prix au vide, alors oui. Et si le vide était rare, il se vendrait fort cher. Mais le vide ne vaut rien, donc autant le combler. Si la « Nature a horreur du vide », *Homo oeconomicus* aussi.

Aller vers le vide, c'est suivre les préceptes de la « sobriété heureuse » de Pierre Rabhi et les préceptes de la « décroissance » ou du « minimalisme ». On peut le faire volontairement ou sous la contrainte. La prochaine crise économique majeure peut faire de nous tous des pauvres, des démunis, dépossédés de tous nos biens matériels dans un premier temps, puis de nos biens sociaux, culturels, moraux, intellectuels, spirituels dans un second temps. L'indigence est le statut de ceux qui ne possèdent rien ni dans les poches ni dans la tête. Et leur environnement, vide lui aussi, ne peut rien leur donner. Quand nous n'avons plus rien du tout, quand il n'y a plus rien autour de nous, pouvons-nous encore avoir la joie ? La joie de vivre ? Je ne le pense pas, car nous sommes des êtres de territoire. Le territoire est la première de nos possessions, individuelle et communautaire. Si nous en sommes dépossédé, il nous manque une part de nous-même.

La réalité virtuelle est-elle une forme de vide ? Constatez l'évolution technique des dernières années : téléphone, fax, ordinateur, miroir, chaine hi-fi, photocopieur, appareil photo, machine à écrire, dictaphone, télévision, courrier, toile vierge du peintre, tout cela se retrouve condensé dans une seule petite machine qui est le « smartphone ». L'homme moderne n'a besoin que de cette petite machine pour être complet et actif en société. Car cette machine donne accès à une réalité virtuelle immense et aux milles facettes. Notre langage « réel » laisse même petit à petit la place au langage du monde virtuel, avec ses abbréviations et ses « smileys ».

Bien sûr, « grâce » à l'obsolescence programmée de ces petites machines, il faut en racheter une tous les deux-trois ans. Et le vide réalisé grâce à elles dans nos maisons est rempli par d'autres objets, en fin de compte. Notre culture propose une infinité de loisirs et de sports, dont chacun se définit par un ... objet spécifique. Sans objet spécifique, pas de sport, pas de loisir ! Pas même d'existence ! Le yoga n'existerait pas dans les pays capitalistes si on ne vendait pas de tapis de yoga.

À moins de choisir une vie monastique basée sur le renoncement à la propriété individuelle, je pense que nous n'abandonnerons pas de sitôt notre cour d'objets quotidiens. Sans eux, notre identité est difficile à définir. Nous sommes ce que nous achetons ! N'achetons rien ? Donc ne soyons rien ? C'est presque la vérité ! Qui aujourd'hui peut se faire appeler philosophe s'il n'a pas écrit de livres ou tenu de conférences ?

L'objet est une sorte de preuve de notre existence. Sans objet, qu'est-ce qui nous différencie encore de la Nature ?

Conclusion : Après la méditation

Avez-vous perçu les mouvements de l'intellect ?

La méditation sur le vide est terminée. Qu'en retenir ? Au lieu de répondre spontanément par « il manque ceci et cela, tel aspect a été abordé trop rapidement, tel autre trop longuement, etc. », je suis convaincu qu'il est plus profitable de se poser les questions du fond et de la forme. Sur le fond, cette méditation est-elle satisfaisante ? Sur la forme, est-elle satisfaisante ? C'est-à-dire que les connaissances sont-elles clairement énoncées (le fond) et les charnières logiques aussi (la forme) ? A-t-on pu différencier facilement les unes des autres ? Voilà qui est, selon moi, plus important que la quantité de connaissances « moissonnées » lors de la méditation.

J'ai essayé dans cette méditation de faire le tour du thème du vide. Je conviens que j'ai oublié certains aspects, mais cela fait-il de ma méditation une mauvaise méditation ? Non, car il est impossible de trouver tous les aspects d'un sujet : la connaissance globale et totale est impossible. Voilà pour le fond. Mais qu'en est-il pour la forme ? Les logiques qui se sont déroulées spontanément durant ma méditation sont-elles adéquates et justes ? Descartes était « cartésien », c'est-à-dire que ses pensées étaient rationnelles, carrées, logiques et univoque. Au contraire dans ma méditation je suis plusieurs fois parti d'*intuitions rapides*, de *préjugés* et de *jugements de valeurs*. Ces trois régimes de pensée sont tout à fait anti-cartésiens ; c'est la raison pour laquelle Gaston Bachelard les place dans l'état préscientifique. Bachelard explique que la science est justement un apprentissage qui consiste à ne plus utiliser ces régimes de pensée[3]. Mais mon intellect, l'intellect en général, s'il a la capacité de « bouger », ne reste pas cantonné à ces trois régimes. Naturellement, presque sans effort, il les a quitté. Naturellement, l'intellect *développe* les intuitions rapides, il *relativise* les préjugés et il *questionne* les jugements de valeur. L'intellect bouge, se déplace. Et plus on fait de méditations cartésiennes, plus cela devient facile pour l'intellect de bouger. Et plus il nous devient facile de prendre conscience de ces mouvements naturels. Tout comme le sportif améliore la précision de ses gestes et leurs enchaînements à force de pratiquer son sport. Au départ, on n'a pas conscience des mouvements de notre intellect. Puis, un jour, on remarque effectivement le mouvement : on commence à séparer le fond de la forme. Ensuite on remarque individuellement les mouvements de l'intellect. D'abord un, puis deux, puis trois, cinq, dix… Par exemple : là une extrapolation, là un retournement, là une précision, là une démarcation, là une scission, là un regroupement, etc. Arrivé à ce stade, on peut commencer à trouver intéressant certains ouvrages de philosophie dédiée spécifiquement à un mouvement de l'intellect en particulier.

---

[3] Gaston BACHELARD, *La formation de l'esprit scientifique.*

Cette prise de conscience des mouvements naturels de l'intellect est plus ou moins rapide selon les personnes et selon les contextes. J'ai moi-même commencé à prendre conscience de ces mouvements il y a maintenant quinze ans, en écrivant des cahiers de réflexions personnelles. J'avais d'abord à cœur de clarifier les théories apprises à l'université en sociologie, histoire et philosophie des sciences et des techniques. Puis je me suis mis à développer spontanément toutes les idées qui me venaient à l'esprit, en prenant soin de ne laisser aucune zone d'ombre et d'inconfort, aucun doute, aucun double sens possible. Depuis, j'ai rempli environ mille cinq-cents pages de mes réflexions. J'ai appris à reconnaître les charnières logiques au fil des années en écrivant des réflexions ; en écrivant mes réflexions se sont améliorées constamment en raffinement, en longueur et en mouvements logiques. Au fur et à mesure que j'écrivais les connaissances me devenaient plus claires ainsi que les charnières logiques. À côté de cela, j'ai lu nombre de livres sur divers sujets, afin de percevoir les mouvements intellectuels propres à chaque domaine de la vie. Est arrivé le moment où je me suis mis à enchaîner mes pensées avec des articulations logiques volontairement choisies : puissance intellectuelle brute.

Bien sûr, le contenu de chaque pensée prédispose la pensée qui va suivre. Notre intellect perçoit-il d'abord l'enchainement de pensées en fonction de leur contenu ? Ou perçoit-il d'abord les articulations logiques puis les pensées qui peuvent y être rattachées ? Je ne sais pas. Aujourd'hui, les mécanismes de mon intellect me demeurent mystérieux, malgré tout ce que j'ai pu en comprendre a posteriori. Mes phrases, mon choix des mots, mon style d'écriture : tout cela demeure pour moi en partie mystérieux, en partie fixé par les habitudes et, dans une toute petite partie, volontairement influençable et malléable.

Revenons à la méditation et à ce qui fait sa qualité. Ce qui fait une mauvaise méditation, c'est son *immobilisme*. Une méditation n'est pas l'expression d'une opinion – on revient à la différence que j'expliquais en introduction. Une opinion est un « fond » fixe et unique. Par exemple « les voitures avec des roues de treize pouces consommaient moins de carburant ». Une bonne méditation est un ensemble de mouvements de l'intellect (idéalement grands et variés si on est perfectionniste). Une opinion ressemble à un monolithe : « ceci est comme cela ». Il n'y a pas de forme dans l'opinion. Lisez *Les sept piliers* de la sagesse de Lawrence d'Arabie : vous verrez sa pensée onduler comme les dunes, parfois douces, parfois aux angles brisés et rugueux. Le mouvement est vaste et long.

Une méditation serait également mauvaise si elle n'était que l'expression d'une conviction. Autant l'opinion peut être discutée, débattue, interrogée, la conviction non. La conviction est moins bien définissable et délimitable que l'opinion, car elle contient une part de flou et d'insaisissable (notamment dans le cas de la conviction spirituelle). Mais elle est inamovible. Lawrence d'Arabie écrit qu'on règle les différences d'opinions en débattant et les différences de convictions en faisant la guerre. Bref : que des convictions contraires ne peuvent pas coexister. Une méditation au cours de laquelle on n'exprime qu'une ou plusieurs opinions, qu'une ou plusieurs convictions, même sous différents angles, est une mauvaise méditation.

Une fois la méditation terminée, on peut en refaire rapidement le tour en recensant les points de départ et les points d'arrivée (les tenants et les aboutissants des différentes pensées qui ont émergé). Que pense-t-on alors du résultat de notre méditation ? Est-ce une suite à la queue-leu-leu de pensées ? Ou bien a-t-on associé des pensées diverses voire opposées ? A-t-on évoqué ce qui est grand et ce qui est petit, ce qui est claire et ce qui est sombre, ce qui est mou et ce qui est dur, etc ? Bref : a-t-on utilisé des articulations logiques variées ?

On peut aussi se demander si le résultat d'une méditation est d'ordre scientifique, car l'intellect s'est détaché des trois régimes de pensée préscientifiques que sont les intuitions rapides, les préjugés et les jugements de valeur. Bien sûr que non, le résultat d'une méditation n'est pas scientifique, car nous n'avons fait qu'émettre des pensées. Il faudrait de ces pensées extraire des hypothèses et de ces hypothèses des protocoles expérimentaux : « de mes pensées A, B, C, etc. je généralise et je parviens à une théorie. Je vais tester cette théorie avec tel protocole expérimental, à la fin duquel se manifestera tel résultat si mon hypothèse est correcte ». Non, une méditation cartésienne, telle que je la comprends, n'a pas vocation à imaginer la confrontation avec la réalité. Son résultat n'est donc pas scientifique. Son résultat ne peut pas être scientifique, car l'issue d'une méditation est libre et n'est jamais close. On ne peut pas prétendre être un scientifique parce qu'on fait des méditations, de si grande qualité soient-elles.

A-t-on le sentiment que le résultat de notre méditation est « tout et n'importe quoi » ? Car on peut trouver parmi les aboutissants bien des choses et leurs contraires. C'est « l'auberge espagnole » de l'intellect, ça n'a ni queue ni tête. On peut aller jusqu'à dire que c'est un fourre-tout qui émerge quand on médite ! Oui, c'est exact.

On peut encore rajouter qu'une méditation est par définition inefficace, car la pensée se déploie sans méthode et sans rythme fixe. On laisse les pensées venir à leur rythme. Spontanément. « Ça part dans tous les sens » ! Ce n'est pas efficace, ce n'est pas efficient. En effet ! La méditation cartésienne ne consiste pas à suivre un programme rythmé de stimulation de la pensée.

Absence d'incidence concrète, fourre-tout, inefficace : bref, on peut penser qu'une méditation cartésienne ne sert à rien. Avant de nous poser la question de l'utilité d'une telle méditation, examinons ce qu'est un café philosophique.

MÉDITATION INTELLECTUELLE ET CAFÉ PHILOSOPHIQUE

En début de livre j'avais rapidement comparé la méditation intellectuelle à une séance de café philosophique, qui est une soirée où l'on débat autour d'un thème en fonction des envies et des savoirs des participants. Le déroulement d'un café philosophique n'est pas rationnel, ça part souvent dans tous les sens. Le modérateur doit savoir ramener les discussions dans le champ du sujet. La spontanéité de l'émergence des pensées est la même à plusieurs au cours d'un café philosophique que seul au cours d'une méditation intellectuelle.

Cependant, une différence m'interpelle. Quand on fait soi-même une méditation, on ne peut qu'être content du résultat, même si certains aspects n'ont pas été abordés et même si les enchaînenemts logiques étaient parfois faibles et peu nombreux. On est toujours content d'avoir laissé libre cours à notre intellect. Mais à l'issue d'un café philosophique on peut être frustré. J'avoue que je le fus à plusieurs reprises : je trouvais que bien peu avait été atteint et exprimé durant la séance. Je regrettais notamment le « manque d'élévation », le rythme trop lent, la dispersion et l'accaperment de la parole par une ou deux personnes. C'est que quand on médite tout seul, on fixe soi-même sa Vérité. Mais dans un café philo, à plusieurs, on apprend que de multiples vérités existent et coexistent. Ma Vérité n'est pas celle du voisin. Pourtant elles sont vraies toutes les deux. Alors comment les faire cohabiter en bonne intelligence ? Comment proposer une Vérité qui les regrouperait et qui les fondrait en une seule qui serait une vérité supérieure ? C'est justement cela le « piment » d'un café philo : apprendre à relativiser ses vérités, apprendre à questionner celles des autres, s'habituer à l'idée que personne ne possède la vérité ultime. Comparativement, effectuer seul une méditation intellectuelle est bien plus confortable pour l'ego.

QUELLE UTILITÉ ?

En début de livre, j'expliquais que la méditation orientale et la méditation intellectuelle ont ce point commun : elles n'ont pas pour objectif de trouver la Vérité. Et ni l'un ni l'autre ne sont soumises à des impératifs : elles sont des pratiques de liberté. Donc elles ne peuvent pas avoir des objectifs moindres. Avant de méditer, on ne peut pas se dire « je vais trouver le sens ultime de la Vie » ni « je vais trouver la réponse au pourquoi de la mauvaise humeur de mon chef ». Ou « je veux savoir pourquoi j'ai peur des relations amoureuses ». La méditation intellectuelle part d'un point ; le reste du déroulement intellectuel se fait spontanément, sans planification. Dès qu'on se pose un objectif, on pose le point de départ et le point d'arrivée : ce n'est plus de la méditation.

Pour atteindre un objectif par voie de réflexion, d'autres pratiques existent : le « brain storming », le « mind mapping », plus simplement l'établissement d'une liste, l'agencement des idées en cascade ou en arête de poisson, etc.

Apprendre à connaître et utiliser notre intellect

Donc à quoi sert une méditation intellectuelle – et accessoirement un café philosophique ? *Une méditation intellectuelle solitaire et un café philo collectif ont pour seul objectif d'exister.* Une fois l'un ou l'autre démarré, l'intellect va se mettre en mouvement naturellement, sans être forcé, bridé, contraint, excité, et on va pouvoir *apprendre à le connaître et à l'utiliser*. N'est-ce pas là déjà une noble et humaniste utilité ? L'intellect est une part de nous-même, et je trouve cela sain, je trouve cela serein, que de pouvoir « voir » son propre intellect en dehors de tout cadre économique. Lors d'une méditation intellectuelle ou lors d'un café philsophique, il n'y a nul autre enjeu que de penser librement. Ce faisant, on va se voir tel que l'on est. On va voir que notre intellect peut s'étaler dans de nombreuses directions. Donc on va voir que nous-mêmes ne sommes pas définis, délimités, restreints, circonscrits, à un seul et unique point d'existence.

Se connaître soi-même

La méditation intellectuelle est en fin de compte similaire à la méditation orientale où, apprenant à laisser aller et venir librement nos émotions sans s'attacher à elles, nous apprenons ce qu'elles signifient pour nous et, de ce fait, nous découvrons qui nous sommes. De même, apprenant à laisser aller et venir nos pensées en les développant de façon spontanée, nous apprenons ce que nos pensées signifient pour nous et nous nous découvrons ainsi. Nous apprenons à nous connaître nous-mêmes, comme le grand Socrate nous y invite ! N'est-ce pas utile de mieux se connaître ? Oui, ce n'est pas une entreprise qui rapporte de l'argent. Oui, ce n'est pas une entreprise qui fait tourner l'économie. Mais vivons-nous pour gagner de l'argent ? Vivons-nous pour faire tourner un modèle économique parmi d'autres ? Je pense que non.

Et discerner les secrets des autres

La méditation intellectuelle est un sport, et pour celle ou celui qui la pratique régulièrement, les pensées des autres deviennent plus claires, plus accessibles, plus pénétrables. À partir du moment où vous savez reconnaître les mouvements naturels de votre propre intellect, vous distinguez d'autant mieux ces mouvements qui ne sont pas naturels chez vous comme chez les autres. Vous repérez aisément les pensées qui sont conditionnées chez vous, dans votre tête. Donc vous repérez avec la même facilité celle qui le sont chez votre interlocuteur : « Tiens, il ne va pas au-delà de ce point. Tiens, il aborde les sujets de cette façon-là. Tiens, il ne réagit pas à ce que je viens de dire. Tiens, il continue sur sa lancée. Tiens, il n'a jamais fait telle ou telle expérience, mais il s'adresse à ces personnes-là. Etc. » Votre « oeil » intellectuel, pour ainsi dire, a acquis une résolution élevée. Il sait discerner autant les détails que le plan global ; il reconnaît par réflexe la cohérence et l'incohérence.

Le moment fatidique arrive quand vous êtes capable de juger que votre interlocuteur n'est pas maître de ses pensées. Qu'il n'a pas d'opinion personnelle, car il ne fait jamais que reprendre des pensées qu'il a lues ou entendues ici ou là. *Par-delà les pensées vous êtes devenu capable de discerner l'être humain* : le sur-optimisite qui a découvert de nouvelles pensées et qui imagine qu'elles sont le fruit de son propre intellect et qu'il n'y a pas d'autre chemin vertueux que le sien (qui ne se reconnaît pas soi-même là ?) ; le sur-confiant, qui ne fait que reprendre les pensées des autres au point qu'on croit qu'elles sont de lui ; l'asséneur de vérités, qui n'est rien d'autre qu'une baudruche ; le peureux, qui attend le dernier moment pour parler afin d'être certain qu'on ne puisse répondre à ses arguments ; etc. Tel fort en gueule est en fait un mouton conformiste, tel timide est en fait un révolutionnaire sans concession, tel bisounours est en fait un nanti ; tel intellectuel est en fait un suiveur qui se contente de fréquenter les bons lieux et les bonnes personnes ; etc. Vous êtes devenu capable de voir tout ça, uniquement en analysant les pensées que vos interlocuteurs expriment, comment ils les expriment et comment ils les enchaînent. Et vous êtes devenu capable de voir par-delà les idées l'idéologie qui anime tout un chacun. Chaque génération a son idéologie, c'est ainsi. Telle génération ne jure que par le capitalisme – parce que le communisme est un échec évident –, telle autre ne jure que par l'écologie – parce que le capitalisme est un échec évident –, telle autre ne jure que par l'économie via internet, parce que l'économie traditionnelle met trop en avant les différences de classe sociale. Etc. Vous pouvez ainsi discerner les personnes volontairement malhonnêtes de celles qui sont malhonnêtes par défaut. C'est-à-dire qui ne peuvent pas faire autrement parce qu'elles ont grandi dans un environnement qui, sur certains sujets, ne permettait pas d'ouverture sur ce qui se fait ailleurs. Gardons-nous d'être malhonnête par défaut – il n'y a rien de pire ! Cette malhonnêteté intellectuelle repose sur la sincérité, sur la solidarité, sur le respect, sur le bien-être. Bref, la propagande n'est jamais loin…

Méditez, lentement ou rapidement, brièvement ou longuement, de tout ou de rien, sérieusement ou légèrement, mais méditez afin de savoir comment vous construisez vos pensées. Méditez toute votre vie durant. Vous apprenez à ouvrir votre esprit et à affiner vos outils de construction intellectuelle. La méditation, c'est éclairant !

Couverture : © Benoît R. Sorel